ACHTUNG!
Dieses Buch darf in der Schweiz weder zum Kauf angeboten noch vertrieben werden. Widerrechtlicher Verkauf oder unerlaubte Abgabe hat für den Anbieter zivilrechtliche Folgen.

2. Auflage für BRD und Österreich
Januar 1992

Originalgeschichten aus der TV-Serie PINGU
von Otmar Gutmann
Bilder: Tony Wolf
Text: Sibylle von Flüe
© 1992 Editoy/SRG

Kein Teil des Werkes darf in irgendeiner Form (durch Fotokopie, Mikrofilm oder ein anderes Verfahren reproduziert oder unter Verwendung elektronischer Systeme verarbeitet, vervielfältigt oder verbreitet werden.

Printed in Italy

Printed by Officine Grafiche De Agostini
Bound by Legatoria del Verbano S.p.A.

PINGU
UND DER SEEHUND

KARL MÜLLER VERLAG

Pingu geht fischen

„Mama, heute mußt du nichts einkaufen, ich gehe fischen", sagt Pingu beim Frühstück. Bald ist er mit seiner Angelrute und einem Eimer voll Seetang unterwegs. Jetzt fragt er sich, wie er diesen steilen Abhang am besten hinabrutschen soll.

Zum Glück entdeckt Pingu eine Eisscholle, auf der er schwungvoll den Hang hinunterschlittern kann. Er muß nur aufpassen, daß er nicht das Gleichgewicht verliert, und diese Fahrt auf seinem Hinterteil endet. So schnell ist er, daß er sich unten gleich noch einige Male um sich selbst dreht.

Schnell findet Pingu ein Eisloch, wo er sich hinsetzen kann.
Wie ein alter Fischer befestigt er ein Stück Seetang am
Haken. Dann wirft er die Angelschnur ins Wasser und wartet
ganz mäuschenstill…

„Man muß es nur richtig anstellen", freut sich Pingu, wie er den ersten Fisch aus dem Wasser zieht. „Er ist zwar nicht so groß, wie ich gern hätte, sogar eher klein, aber ein Fisch kommt sicher nicht selten allein!"
Pingu ist sehr beschäftigt. Er merkt nicht, daß ihm ein kleiner Seehund neugierig zuschaut.

Schon schwimmt die Angel wieder im Wasser. Bald spannt sich die Rute, es zerrt an der Schnur… und hinter Pingus Rücken nimmt der Seehund das Grünzeug vom Haken. Gleich verspeist er es und hängt stattdessen den ersten Fisch wieder daran. Hocherfreut zieht Pingu den Fang an Land.

Heute läuft es wie am Schnürchen. Der ahnungslose Pingu glaubt, daß schon der dritte Fisch an seiner Rute zappelt. Pingu braucht diesmal seine ganze Kraft, um die Angelrute zu halten, so stark reißt es an der Schnur.
„Jetzt hat ein großer Fisch angebissen", freut er sich.

Auf einmal segelt Pingu in einem weiten Bogen durch die Luft auf die andere Seite des Eisloches. Erst hier entdeckt er, was der Seehund alles hinter seinem Rücken treibt.
„Das wirst du büßen!" denkt Pingu erbost.

Bevor Pingu etwas sagen kann, bewirft ihn der übermütige kleine Seehund, der immer zu Späßen aufgelegt ist, mit ein paar Schneebällen. Zu allem Unglück fällt Pingu auch noch kopfvoran ins Wasser!
Er hat sich die Fischerei doch ein wenig anders vorgestellt…

Das kalte Bad hat Pingu aber nicht geschadet. Jetzt weiß er dafür genau, wie er den Seehund aus dem Wasser locken wird. Schnell befestigt er ein Stück Seetang am Angelhaken, versteckt sich hinter einem großen Eisblock und zieht die Schnur zu sich heran: „Gleich werden wir sehen, wer hier eigentlich der Meister ist", denkt Pingu.

Zuerst jagen Pingu und der Seehund einander rund um die Eisblöcke, dann rollen sie zusammen wie eine Kugel durch die Gegend. Ist das etwa noch Ernst, oder haben die beiden nicht auch Spaß an ihrer Balgerei?

Das Spiel dauert so lange, bis sich der Seehund zwischen den Eisschollen die Pfote einklemmt. Pingu tröstet ihn voll Mitgefühl. Wie die Tränen aber nicht aufhören zu fließen, hat er eine gute Idee…

Er bringt dem Seehund ein Stück Seetang, und der Schmerz ist sogleich verflogen.
„Wart hier auf mich, ich bin gleich wieder da!" ruft ihm der Seehund zu und taucht blitzschnell ins Wasser. Schon ist er wieder zurück, mit einem riesengroßen Fisch. „Den hast du dir verdient", sagt er.

„Nun muß ich aber gehen", sagt Pingu. „Wollen wir am Nachmittag zusammen spielen?" Der Seehund nickt begeistert. Schwerbepackt macht sich Pingu auf den Heimweg. Wie wird sich die Mama über seinen Fischfang freuen! Aber noch mehr freut sich Pingu, daß er einen neuen Freund gefunden hat.

Pingu hat Glück im Unglück

Der kleine Seehund findet ein Faß, das niemand mehr braucht. „Daraus könnte man einen Schlitten machen", denkt er und fängt an, die eine Hälfte der Faßdauben zu entfernen. „Fährst du mit mir Schlitten?" begrüßt er Pingu.

„Das soll ein Schlitten sein? Ob der etwas taugt?" fragt Pingu zweifelnd. „Setz dich doch einmal hinein, dann wirst du es ja sehen", antwortet der kleine Seehund. Das läßt sich Pingu nicht zweimal sagen, und mühelos schiebt der kleine Seehund das Schlittenfaß über das Eis. „Stoßen macht aber auch Spaß", sagt er, „komm, jetzt tauschen wir die Plätze."

Sobald es ein wenig bergab geht, ruft der kleine Seehund
Pingu zu:
„Steig auf, Pingu, nun läuft es von allein!" Der Hang wird
steiler, und die zwei Freunde gleiten immer schneller hinunter.
„Das war eine tolle Fahrt", freuen sie sich und beschließen,
gleich nochmals hinunterzufahren.

„Hinab geht es aber bedeutend leichter", stöhnt Pingu. Nur mit größter Anstrengung gelingt es den beiden, ihr Schlittenfaß den Berg hinauf zu ziehen und zu stoßen.
„Wie schön wäre es, wenn man Berge auch hinaufrutschen könnte", meint Pingu.

Schon flitzen die zwei Freunde wieder den Hang hinunter. Die Fahrt wird noch schneller als das erste Mal. Das Schlittenfaß schwankt hin und her. Gerade noch um Haaresbreite können die zwei dem riesigen Schneehaufen ausweichen.
„Diese Strecke ist nur für Könner", meint der kleine Seehund prahlerisch. „Wollen wir nochmal…?" Pingu nickt.

„Bleib hier mit dem Schlittenfaß stehen", sagt der kleine Seehund zu Pingu, „ich habe oben etwas entdeckt." Flink robbt er den Hang hinauf. Er nimmt eine große Seilrolle, die hinter einem Eisblock liegt, und wirft sie zu Pingu hinunter. „Bind das Seil gut am Schlittenfaß fest und setz dich hinein", befiehlt er.

Dann legt er das Seil um den Eisblock, schlingt es um seinen Arm und hält sich daran fest. Sobald er rückwärts den Hang hinabrutscht, beginnt sich das Schlittenfaß mit Pingu den Hang hinaufzubewegen. Wie die Zwei sich begegnen, winken sie sich begeistert zu. „Ich kenne niemanden, der solch gute Einfälle hat wie du", bewundert Pingu seinen Freund.

„Hurra, Bahn frei, wir kommen!" krähen sie übermütig bei der nächsten Fahrt. Da dreht sich plötzlich das Schlittenfaß um sich selbst, der kleine Seehund fällt hinaus und purzelt den Hang hinunter. Pingu aber saust hilflos in voller Fahrt auf den großen Schneehaufen zu...

…und verschwindet lautlos darin.
„Pingu, wo bist du? Hast du dir wehgetan?" ruft der kleine Seehund angstvoll. Rund um den Schneehaufen sucht er den Freund. Endlich entdeckt er Pingus Arm.
„Ich bin hier, ich kann nicht mehr heraus!" hört er jetzt auch Pingu heulen.

In größter Eile robbt der kleine Seehund ins Dorf zum Doktor-Iglu. Zum Glück ist der Arzt daheim.
„Kommen Sie bitte schnell… Es ist ein fürchterliches Unglück passiert… Pingus Leben hängt noch an einem winzigen Haar!" bringt der kleine Seehund außer Atem hervor. „Es ist ganz schlimm, er kann sich schon nicht mehr bewegen!"

Schnell setzt der Doktor seine Mütze auf und holt die Trage. „Steig auf und zeig mir den Weg", sagt er zum kleinen Seehund. Das ist dem kleinen Seehund recht, jetzt kann er etwas verschnaufen.
„Hiilfe! Hiilfe! Hiiilfe!" hört man es schon von weitem laut aus dem Schneehaufen rufen.

„Nanu, dein Freund scheint mir aber noch recht lebendig zu sein", brummt der Doktor vor sich hin, wie sie beim Schneehaufen ankommen. Der Doktor ist sehr stark und kann die Schneeplatten anheben. Schnell kriecht der kleine Seehund durch die Öffnung und zieht Pingu unter dem Haufen hervor, der gleich darauf in sich zusammenfällt.

„Das war höchste Zeit. Du hast zum Glück nur eine kleine Beule auf dem Kopf", sagt der Doktor, nachdem er Pingu untersucht hat. „Manchmal nimmt ein schlimmes Abenteuer auch ein gutes Ende. Aber nun steigt auf, ihr Helden, ich nehme euch ein Stück weit mit nach Hause. Für heute scheint mir, habt ihr wohl genug erlebt."

Pingu spielt Fischtennis

Pingu macht seinen Mittagschlaf an der Sonne. Nanu, wer bewirft ihn denn plötzlich mit einem Schneeball? Es ist der kleine Seehund, der es kaum erwarten kann, mit Pingu zu spielen. Die beiden Freunde begrüßen sich vergnügt.

„Komm, schau her, ich habe für uns zwei etwas mitgebracht", sagt der kleine Seehund. Er zieht hinter dem Schneemann einen Fisch hervor, wirft ihn in die Luft und fängt ihn mit der Nasenspitze auf. Pingu steht staunend daneben. Dieses Kunststück hat er noch nie gesehen.

Er sagt: „Vielleicht war das nur ein Zufall. Kannst du den Fisch auch auffangen, wenn ich ihn dir zuwerfe?"
„Versuch es nur", lacht der kleine Seehund und schiebt Pingu den Fisch über das Eis hin. Schnell wirft Pingu den Fisch zurück. Sie machen das einige Male, und es stimmt, immer fängt er den Fisch mühelos auf.

Er kann den Fisch sogar im Gehen auf seiner Nase tragen.
„Wirf ihn mir zu!" ruft Pingu, „das will ich auch versuchen."
Der glitschige Fisch ist sehr schwer, und Pingu fällt damit zu Boden. Der kleine Seehund rollt vor Vergnügen hin und her:
„Es ist schwieriger als du glaubst, den Kerl zu halten!"

Jetzt erwacht in Pingu der Ehrgeiz. Er setzt den Fisch auf seinen Kopf. Endlich, nach dem vierten Versuch, rutscht der Fisch nicht mehr hinunter.
„Schon geschafft!" ruft er übermütig. „Jetzt paß auf, gleich wirst du sehen, was ich alles kann." Pingu nimmt Anlauf, geht in die Knie, der Fisch schnellt hoch in die Luft.

Pingu steht bereit, den Fisch mit dem Kopf aufzufangen. Doch was hat er nur falschgemacht? Der Fisch landet zwar auf seinem Kopf, aber mit geöffnetem Maul. Nun sitzt er fest. Pingu kann seinen Kopf schütteln, so oft er will, der Fisch ist wie angewachsen. Verzweifelt schaut Pingu den sprachlosen kleinen Seehund an.

„So hilf mir doch, diesen scheußlichen Hut auszuziehen", jammert Pingu. Der kleine Seehund packt den Schwanz des Fisches und zerrt aus Leibeskräften daran. Endlich ist Pingu die ungeliebte Kopfbedeckung wieder los. Er reibt glücklich seinen Kopf.
„Fühl' ich mich erleichtert", sagt er zum kleinen Seehund.

„Jetzt werfen wir einander den Fisch über die Wäscheleine zu", schlägt der kleine Seehund vor. „Das ist ein lustiges Spiel." Pingu hüpft erwartungsvoll von einem Fuß auf den andern. Achtmal fliegt der Fisch hintereinander über das Seil, ohne den Boden zu berühren.

Beim neunten Mal bleibt er jedoch an der Wäscheleine hängen. Da hilft alles Rufen und in die Höhe springen nichts, der Fisch bleibt, wo er ist.
„Nichts ist leichter, als den wieder einzufangen", sagt Pingu und klettert die Stange hinauf.

Pingu streckt den Arm aus, um dem Fisch einen Schubs zu geben. Gleichzeitig schaut er hinunter zum kleinen Seehund. In diesem Moment wird ihm schwindlig. Pingu fällt mit einem lauten Plumps zu Boden.
„Hast du dir wehgetan?" erkundigt sich der kleine Seehund, nachdem er sich vom Schrecken erholt hat.

Doch Pingu ist schnell wieder auf den Beinen.
„Wart auf mich, ich komme gleich zurück", sagt er und läuft zum Iglu hinüber. Er hat eine Glanzidee, wie er den Fisch ohne große Mühe von der Wäscheleine holen kann. Im Nu kehrt er auf seinen Stelzen zum kleinen Seehund zurück.

Mit einem Griff holt Pingu den Fisch von der Leine.
„Das ist ein aufregender Nachmittag", sagt Pingu.
„Oh ja, mir ist nie langweilig", nickt der kleine Seehund. „Aber du bist ganz schön schlau. Ich hätte es nicht fertiggebracht, den Fisch zu holen", bewundert er seinen Feund.

„Hast du auch Hunger bekommen?" fragt er Pingu. Pingu nickt. Da nimmt der kleine Seehund den Fisch beim Schwanz und löst das Fleisch von den Gräten. „Hier, stärke dich, damit wir weiterspielen können", sagt er und streckt Pingu die eine Hälfte hin. „Willst du jetzt nochmals versuchen, den Fisch auf dem Kopf aufzufangen?" fragt er ihn dabei und lacht.